Krystelle Jambon

Entre père et fils

Ernst Klett Verlag
Stuttgart · Leipzig

1 ON SE PRÉSENTE

RACONTÉ PAR ...

GUS
MON NOM :
Gustave Benzema
(Pour les copains et ma famille : «Gus»)

ÂGE : 13 ans

J'HABITE : 6 rue des Rossays à Savigny-sur-Orge (à 30 km de Paris)

OMAR
MON NOM :
Omar Benzema

ÂGE : 46 ans

J'HABITE : à Savigny-sur-Orge, mais je viens d'Algérie, d'un tout petit village à 250 km d'Oran, aux portes du désert.

JO
MON NOM :
Joséphine Benzema
(tout le monde m'appelle «Jo» !)

ÂGE : 14 ans

Cartouche →

MON MÉTIER PLUS TARD: ??? Grande question!!! ☺ Présentateur? Coiffeur? Vendeur? Dessinateur? Bof, je ne sais pas trop ... ☺ En ce moment, je suis élève en 4eC au collège Jean Mermoz à Savigny-sur-Orge.

CE QUE J'AIME: L'ordinateur (surtout les jeux vidéo), la photo, l'escrime, le hip-hop, la natation, les gaufres, le kébab sauce barbecue, mon copain Théo.

CE QUE JE DÉTESTE: Le collège! Les vaccins! Me lever tôt et ranger ma chambre.

MA PHRASE PRÉFÉRÉE: «Sans ordinateur, la vie est sans couleurs!»

MON MÉTIER: Ingénieur dans une entreprise.

CE QUE J'AIME: Fabienne (ma femme), mes enfants (Gus et Jo), mon travail

CE QUE JE DÉTESTE: La flemme!

MA PHRASE PRÉFÉRÉE: «Le travail, c'est la santé!»

MON MÉTIER PLUS TARD: Infirmière ou médecin ou encore travailler dans la recherche médicale ... Mais en ce moment, je suis en 3eB au collège Mermoz à Savigny-sur-Orge.

CE QUE J'AIME: Aller au tableau, faire des exposés (oui, je sais, c'est bizarre!), ma chienne Cartouche. Mes copines.

CE QUE JE DÉTESTE: Les comparaisons que papa fait entre mon frère et moi! Et les araignées!!!

MA PHRASE PRÉFÉRÉE: «Toujours plus loin, toujours plus haut, toujours plus fort!»

2   LA QUESTION QUI ÉNERVE.

MARDI SOIR VERS 20H

> **GUS**

Tout a commencé une semaine avant les vacances de Noël en Algérie. Papa, maman, Jo et moi, on était à table. Cartouche était cool, dans son panier. Parfois, elle bougeait la tête. Elle regardait si des petites boulettes de viande ne tombaient pas … Mais dommage, on était déjà au dessert! On passait une bonne soirée, on discutait de tout et de rien. Mais tout à coup, je ne sais pas comment, la question qui Enerve (avec un grand «E») est arrivée …

Ah si, je sais comment. Comme Jo est en 3e, elle doit trouver un stage. Le sujet de la discussion était la journée d'orientation en janvier dans notre collège et le stage qu'elle doit faire en mars. Bien sûr, la question préférée de papa est arrivée …

« QU'EST-CE QUE TU VEUX FAIRE PLUS TARD? »

Jo a de la chance. Elle a toujours une réponse à cette question. Parce que ma sœur sait depuis son premier jour d'école ce qu'elle veut faire plus tard. Mais mes parents, papa surtout, aiment bien entendre encore et encore sa réponse.

JO: Je te l'ai déjà dit, papa. Je voudrais être infirmière ou médecin. Ce qui me fascine, c'est la recherche médicale. Parce que ce qui m'intéresse dans la vie, c'est les gens.

PAPA : On pourrait discuter avec Philippe, le frère de Maman. Comme il est médecin, il peut peut-être t'aider à trouver un stage à l'Institut Pasteur ou à l'hôpital Cochin à Paris …

Et papa continuait à parler, parler … Moi, je n'écoutais pas vraiment.

PAPA : Médecin, c'est un beau métier. Il faut être fort en mathématiques et en biologie. Mais ma chérie, tu as cette chance, tu es forte en tout! En langues, en technique, en géographie … Pas comme ton frère …

Pas comme ton frère … Pas comme ton frère … Combien de temps est-ce que je devais encore entendre cette phrase? Ce qui **m'EEEnerve** (avec trois grands «E» cette fois!), ce sont les comparaisons de papa. Jo et moi, nous sommes très différents. Mais attention, ne le comprenez pas mal, je ne suis pas jaloux de ma sœur. Je l'aime beaucoup. On est même des super copains. Nous sommes seulement différents. Comme le jour et la nuit. Elle, elle a toujours eu des bonnes notes et elle adore aller au collège. Moi, c'est vrai que depuis toujours, je vais à l'école … comment dire? … en touriste. Surtout pour voir mon meilleur ami Théo et les autres copains et les copines.

Papa est sympa, mais chaque fois qu'on parle de l'avenir ou de l'école, il nous compare, Jo et moi. C'est galère! Alors quand papa a dit «Pas comme ton frère», Jo a répondu:

JO: Gus a aussi plein de talents. Il fait des super photos. Et puis, tu l'as déjà vu nager? Un vrai poisson ...

Et maman, qui est aussi ma grande fan, a dit:

MAMAN: C'est vrai. Tous les deux, vous vous intéressez à plein de choses. Vous pouvez faire le métier que vous voulez. Il faut juste maintenant bien s'informer sur les formations qui vous plaisent.

Mais papa avait encore envie de poser des questions ...

PAPA: Et toi, Gus? Quel est ton métier de rêve?

Encore une question que je déteste! Car la réponse n'est pas simple. Pas facile à 13 ans de savoir ce qu'on veut faire plus tard comme métier! Est-ce que papa le savait au même âge? Pas sûr!

Je trouve toujours passionnant ce que Jo ou maman ou même papa racontent, mais je ne sais pas pourquoi je n'écoutais plus vraiment la discussion. J'étais en mode touriste. Encore une fois. Quand j'imagine mon avenir, je me vois faire de grands voyages avec mon appareil photo, je vois un grand appartement blanc avec des enfants et leurs affaires partout … Alors, mon métier de rêve? Photographe, peut-être. Comme Yann Arthus-Bertrand, le photographe connu qui prend ses photos d'un hélicoptère. Mais pour papa, photographe, ce n'est pas un bon métier, je le sais. Peut-être que je pouvais le dire quand même? … J'ai hésité et puis finalement, j'ai eu honte. Alors pour rigoler, parce que la discussion m'énervait un peu aussi, j'ai dit:

MOI: Ah, je sais ce que je veux faire plus tard:

La cuillère du yaourt de papa est tombée dans son assiette. Ça a fait «ploc»! Papa m'a regardé, la bouche ouverte … il était très en colère. Une colère noire!

PAPA: **QUOI?!!!** Mais ce n'est pas un métier! **Youtubeur!!!** Dans quelle catégorie tu ranges ça? Dans les spectacles? Espèce de geek! Un geek pourri gâté!

La tête de papa était rouge comme une tomate. C'était drôle. J'avais envie de rigoler. Jo aussi. Et maman aussi, je pense. Papa a bougé sa chaise et il a quitté la table. Ensuite, il est allé dans ma chambre, Cartouche est partie avec lui. On a entendu des bruits bizarres, des bruits de câbles. Une minute après, il est revenu dans la cuisine, la chienne derrière lui et mon ordi dans les bras. Normalement, quand papa m'appelle Gustave et pas Gus, ce n'est jamais bon, c'est même très, très mauvais. Et là, il a dit «Gustave!». Il a levé l'ordinateur au-dessus de sa tête et il a crié:

PAPA: Gustave, à partir d'aujourd'hui, l'ordi, c'est fini!

GUS

Ah, papa! Un grand poète! Même en colère, il fait des rimes. C'est beau!
Puis papa est sorti de la cuisine avec mon ordi. Maman nous a fait un clin d'œil et elle est partie parler à papa. Jo et moi, on a compris, on devait débarrasser la table. Pendant qu'on rangeait le lave-vaisselle, on les entendait discuter dans leur chambre. Ils ne parlaient pas très fort. Un peu après, je suis allé dans ma chambre où (je ne rêvais pas!) mon ordinateur n'était plus sur la table de mon bureau. Il restait seulement la souris! Mais avoir des idées noires pour ça? Non, ça ne me ressemble pas.

Alors j'ai mis mon casque et j'ai écouté Queen très fort!

Pendant que Freddy Mercury chantait (ou criait) «Mamaaaaa ouh ouh ouuuuh», j'ai pris mon portable et j'ai raconté la crise de papa à mon copain Théo.

3 MON FILS EST UN GEEK!

MARDI SOIR 23H30

OMAR L'ambiance ce soir est électrique chez les Benzema! Je suis inquiet pour Gus. Mon fils passe son temps devant l'ordinateur, enfin il passait son temps devant l'ordinateur! Il n'aide pas à la maison et j'ai l'impression qu'il ne fait plus rien au collège! Quand il fait ses devoirs (presque jamais!) et que je rentre le soir dans sa chambre, il est toujours devant son ordinateur. Je vois bien qu'il ne se concentre pas sur ses devoirs ou alors seulement à un pour cent! Avec sa sœur, c'est différent. Quand elle travaille pour l'école, elle travaille. Quand elle fait ses devoirs, elle fait ses devoirs. Pas de radio, pas de musique, pas de portable, pas d'ordinateur … Elle se concentre! J'aimerais que Gustave soit comme elle. Je veux qu'il ait un bon métier plus tard comme pilote ou scientifique ou encore vétérinaire. Ou alors un bon métier dans le commerce, l'industrie ou pourquoi pas, l'agriculture? Mais **Youtubeur!!!** N'importe quoi!

«Espèce de geek!» J'ai peut-être été un peu trop dur avec Gus ce soir. Mais comme Fabienne n'est pas du tout stricte, je dois l'être pour deux. Elle trouve que je compare trop les enfants. Mais Gus ne s'intéresse pas du tout à son avenir. Quand on lui demande ce qu'il veut faire plus tard, il répond n'importe quoi. Il n'a pas compris que pour avoir un bon métier et peut-être un jour fonder son entreprise, il faut travailler au collège. Alors, oui, j'ai caché son ordinateur.

Pour moi, le travail, c'est la santé … et c'est aussi l'intégration! Depuis mon arrivée en France, à 18 ans, j'ai toujours voulu m'intégrer dans la société française. Depuis toujours, j'ai travaillé dur à l'école et maintenant encore dans mon entreprise. J'ai souhaité que mon CV soit parfait. J'ai travaillé plus que les autres. Je veux qu'on oublie mon nom de famille, je veux que mes chefs voient ce que je sais faire, mes compétences, et pas d'où je viens, mes origines.
Pour aider mes enfants à s'intégrer, je leur ai donné des prénoms bien français: Gustave comme Gustave Eiffel et Joséphine comme la femme de Napoléon.

OMAR

Sur mon chemin, j'ai trouvé mille problèmes. Mais je n'ai jamais abandonné. Quand j'étais enfant, j'habitais dans une petite maison en Algérie, à 250 km au Sud d'Oran, dans un petit *douar* comme on dit en arabe, un tout petit village avec quelques maisons seulement. Nous n'avions pas d'argent. Parmi mes copains, tous n'allaient pas à l'école. Souvent, ils devaient aider leurs parents aux champs. Moi, j'avais la chance d'avoir des parents qui m'encourageaient à apprendre. Je devais aller à l'école à pied: quatre heures tous les jours. Deux heures aller, deux heures pour retourner. Seulement, quand j'étais trop fatigué, j'allais à l'école à dos d'âne.

Plus tard, au lycée, à Oran, j'ai eu la chance d'avoir une bonne prof de mathématiques qui m'a donné envie de travailler. Madame Saadi était la seule femme du lycée. Elle donnait des cours très intéressants. Ils permettaient aux élèves de réfléchir sur la vie de tous les jours. Elle m'a donné l'amour des mathématiques. Et puis, est-ce que l'algèbre n'est pas née dans les pays arabes? Quand j'ai décidé de faire mes études de mathématiques en France, c'était peut-être pour rendre hommage à mon pays d'origine et en souvenir de Madame Saadi.

$$x^a \cdot x^b = x^{a+b}$$

$$(a+b)^2 = a^2 + 2ab + b^2$$

$$\sqrt[a]{x^b} = x^{\frac{b}{a}}$$

«**Pourri gâté!**» Oui, Gus est pourri gâté! Ce garçon a tout: il habite dans une grande maison, il a une belle chambre pour lui tout seul, il a des parents qui l'aiment, qui s'occupent de lui, qui lui payent des activités.

Gus ne manque de rien. Il a un chien, il a un portable, il a un ordinateur, il a tout! Il voulait un portable? Il a eu un portable. Il voulait un ordinateur à Noël l'année dernière? Ses oncles, ses tantes, ses grands-parents en France ont donné de l'argent pour un ordinateur. Et ensuite, il ne fait rien à l'école? Son avenir lui est égal? Incroyable!!!

OMAR

Moi enfant, je faisais mes devoirs. Et pourtant, ce n'était pas simple. Je n'avais pas de bureau, je n'avais pas de chambre. Je faisais mes devoirs sur la petite table, la *maida*, de la maison ou dehors dans la nature. Je dormais avec mes cinq frères et sœurs dans une petite pièce, il n'y avait pas beaucoup de place. Nous n'avions pas l'électricité. Nous n'avions pas l'eau. Mon père travaillait tout le temps dans les champs, ma mère passait aussi son temps à travailler à la maison ou dans les champs. Je trouve bien qu'on parte samedi en Algérie. Demain, je vais rentrer plus tôt pour avoir une discussion avec Gus. Juste lui et moi. Sans les filles. Juste entre un père et son fils. Après, s'il a envie, on peut même aller manger une gaufre au chocolat comme il adore.

Un jour, il faut que je parle aux enfants de mon histoire en Algérie, il faut que je leur explique pour leur grand-mère … Mais pas maintenant, je ne peux pas. Demain peut-être. Ou un autre jour … Oui, un autre jour.

9 CHASSE AU TRÉSOR

MERCREDI APRÈS-MIDI

GUS Pas dans l'armoire du couloir, pas dans le salon, pas dans la cuisine … Je suis en train de chercher mon ordi déjà depuis une demi-heure et je ne trouve rien. Mais où est-ce que papa a pu le cacher? Depuis 21 heures et 27 minutes, je suis sans ordinateur! Quelle galère! Ça fait beaucoup. Je continue à regarder partout dans la maison. Mais non. Rien. Il ne l'a pas caché dans la salle de bains quand même? L'eau, c'est très mauvais pour un ordinateur! Papa doit le savoir comme ingénieur. Rien non plus. Sous l'escalier peut-être? Non.

Allez, cherche, Cartouche!

GUS

La chambre de mes parents ... Mais oui, bien sûr! Mes parents ont discuté longtemps hier soir dans leur chambre. C'est sûr, papa a dû le mettre là!
Je regarde sous le lit, dans la commode, dans l'armoire. Mais non, rien. Je réfléchis ... Son bureau, alors??? ...
Aïe! Entrer dans le bureau de papa? C'est dangereux!
Parce que papa n'aime pas du tout! Et puis, zut! Depuis 21 heures et 29 minutes, une vie sans ordi, c'est tout gris!
Et puis, il n'y a personne dans la maison. Cartouche me regarde avec ses grands yeux et pense que je suis en train de lui chercher une balle.
Je vais vite vers le bureau de papa. Je viens de regarder l'heure. Il est 18h26. Ouf! Encore seul dix ou quinze minutes.
Je dois faire vite.
Normalement, Jo est de retour vers 18h45 après son cours de musique. Mes parents, comme tous les jours, vont arriver vers 19h. J'ouvre la porte du bureau de papa. C'est un tout petit bureau. La place pour une table de travail, une fenêtre, des étagères et c'est tout. Peu de place mais pourtant beaucoup de cartons.

J'ouvre tous les cartons, les petits et les grands. Les cartons assez grands pour mettre un ordinateur. Je ne trouve rien ...
Je soupire, j'en ai marre. Où est-ce qu'il a bien pu le mettre?
Pas dans cette boîte en bois, c'est sûr. Elle est trop petite.
Bizarre. Je ne l'ai jamais vue avant. Avec sa calligraphie arabe et ses couleurs, elle est très belle. Elle rappelle le pays de papa, l'Algérie. Je touche les lettres avec mon doigt. De droite à gauche. Comme papa quand il écrit en arabe.

GUS

La boîte sent le safran et la cannelle. Elle sent bon son pays d'origine.
Un pays que je ne connais pas beaucoup. Papa ne nous parle pas vraiment de son histoire dans son pays, mais samedi, c'est le grand départ pour une semaine en Algérie. Je suis content, on ne va pas souvent là-bas. Et là-bas, il y a ma grand-mère qui fait si bien la cuisine, mes oncles et tantes et tous mes cousins. D'habitude, pendant les vacances, on voyage en Europe ou on va dans ma famille française, la famille de maman. Je suis allé seulement deux fois dans toute ma vie en Algérie. En treize ans, ce n'est pas beaucoup. Mais j'ai le souvenir du safran, de la cannelle, de l'eau de rose, du jasmin et surtout du couscous de ma grand-mère …

J'ouvre la jolie boîte … Sur un petit coussin rouge, comme un sanctuaire, une photo. Vieille, abîmée. Le bord du papier fait des petites vagues. Comme les photos d'avant. Je prends la photo. Je la regarde longtemps. Il y a une femme jeune et belle sur une pierre. Elle tourne son regard triste vers le photographe. Derrière elle, on voit une oasis, du sable, des dattiers et un dromadaire.

17

Sur la photo, il y a aussi quelques mots écrits d'une écriture fine et nerveuse, une écriture que je connais bien.

Tout à coup, j'entends une porte qui se ferme. Ce doit être Cartouche. Je lève les yeux, je tourne la tête vers l'entrée du bureau.

«Mais qu'est-ce que tu es en train de faire dans mon bureau?»

Gloups! C'est papa. Son regard est noir, dur … mais je trouve le courage de lui demander avec la voix d'un petit garçon de trois ans:

MOI: C'est qui sur la photo?

Pendant qu'il me prend la photo des mains, je vois dans son regard plein de larmes.

5 MAUVAISE AMBIANCE À LA MAISON

JEUDI 17H00

JO Il fait très froid dehors. Je cherche vite mes clés dans mon sac, puis j'ouvre la porte. Il fait bon dans la maison. Gus est encore à son cours d'escrime. Il y a seulement Cartouche qui tout de suite me fait la fête.
Je la caresse et je sors cinq minutes avec elle dans le jardin. Elle court partout comme une folle. Je lui lance une balle. Elle l'attrape avec joie. Ce qui est génial avec Cartouche, c'est qu'elle est toujours de bonne humeur. Pas comme ma famille en ce moment!!! L'ambiance à la maison est nulle! Papa boude, il ne communique plus avec Gus et Gus est tout le temps dans la lune. Maman et moi, surtout moi, on est leurs médiateurs!

Maman, elle ne dit pas ce qu'elle pense vraiment. Elle travaille trop. Quand elle rentre, toujours tard, elle est fatiguée. Pour manger, elle sort une pizza et c'est tout. Le midi, elle mange souvent au restaurant avec ses clients ou ses collègues architectes. Alors, le soir, elle n'a plus trop faim. Mais nous, si!!!

Je ne comprends pas ce qu'il se passe dans cette famille. Depuis plusieurs jours, rien n'est comme avant dans cette maison. Personne ne range, personne ne vide le lave-vaisselle, personne ne prépare de bons repas. Tout le monde se repose! Je dois tout faire! Mon frère, lui, est toujours très occupé. Il fait plein de sport et il passe beaucoup de temps dans sa chambre, surtout devant son ordinateur, enfin ... quand il avait encore un ordinateur! Il n'aide pas beaucoup à la maison et il range sa chambre tous les 29 févriers!!!

Mais Gus, je l'aime bien. Il est sympa. C'est mon «petit» frère. Et quand papa est trop dur avec lui, je suis toujours là pour l'écouter.

Qui est cette femme sur la photo mystérieuse qu'il a trouvée? Il voulait me la montrer, mais papa l'a prise. Ce n'est pas notre grand-mère. Ce n'est pas une femme que nous connaissons. Etrange. Peut-être le premier amour de papa? Sa première fiancée? Maman sait peut-être, mais je ne peux pas lui parler d'un chagrin d'amour de papa et lui poser des questions. Surtout que papa n'a pas pu cacher ses larmes quand il a vu la photo. C'est sûr, cette photo doit lui rappeler un chagrin d'amour …

Bon, cette mauvaise ambiance à la maison doit changer et pour commencer, je propose de devenir une famille **OR-GA-NI-SÉE!**

Je prends un grand papier, des stylos de toutes les couleurs, je vais à la cuisine et je fabrique un tableau pour la semaine. Je le prends en photo et je l'envoie sur le portable de papa, de maman et de Gus avec le message:

«A partir de maintenant, nous sommes une famille occupée, mais aussi organisée!»

Et dans un autre message, j'écris :

> «Pour fêter ce nouveau départ, ce soir,
> une surprise vous attend!»

La surprise, c'est mon plat préféré: le poulet coca! C'est facile à faire et normalement, tout le monde aime. Je prends Cartouche avec moi et nous allons toutes les deux faire les courses. J'achète un beau poulet, des carottes, des tomates et une grande bouteille de coca. Quand nous rentrons, je regarde la recette sur Internet pour les proportions. Je prépare le poulet avec de la cannelle, des herbes de Provence, un peu de sel et du poivre. Un litre de coca, et voilà! Dans 45 minutes, c'est prêt. Cartouche veut encore jouer à la balle. Mais pas le temps! Mes parents vont bientôt rentrer et la surprise doit être prête. Je fais aussi du riz et je prépare une belle table avec des serviettes en papier dans les verres. De quoi mettre tout le monde de bonne humeur!

6   AH, THÉO ET SES BONS PLANS!

VENDREDI MATIN

> GUS

Tout peut changer du jour au lendemain. Surtout l'humeur. Le poulet coca de Jo hier soir a encore fait des miracles. Hier, à table, papa a parlé un peu. Maman, Jo et moi, on a rigolé ensemble. L'ambiance était assez relax.

Et puis, ce matin, je suis de bonne humeur parce que Théo est un super copain. Avec lui, les problèmes ne sont jamais des problèmes. Il trouve toujours une solution à tout.
Depuis la crise avec papa, j'ai discuté plusieurs fois avec Théo. Il a une solution pour moi. Il a tout organisé. Et le grand jour, c'est aujourd'hui. Aujourd'hui, j'achète l'ordinateur du cousin de Théo. On a rendez-vous après le collège derrière l'église de Grand-Vaux. Alors ce matin, quand mon réveil sonne comme tous les jours à 7h15, je me réveille en grande forme. Je me lève tout de suite, je ne fais pas mon lit (je ne fais jamais mon lit!), et vite, je cours dans la salle de bains. Je me lave et je m'habille en cinq minutes. Dans la cuisine, papa termine son café, puis lave sa tasse. Il me regarde d'un air bizarre. Est-ce qu'il se sent bête depuis qu'il m'a mal parlé? Qu'est-ce qu'il croit? Je ne vais pas bouder toute ma vie parce qu'il a caché mon ordi.
Je me sens super bien ce matin, j'ai une pêche d'enfer parce que j'ai une solution pour avoir **MON** ordinateur. Acheté avec **MON** argent. Pas un cadeau de la famille comme l'autre qu'il a caché!

GUS

Il pleut dehors. Je mets mon anorak. Je me dépêche, je ne veux pas rater mon bus. Et puis je veux encore discuter avec Théo avant la première heure de cours.

```
VENDREDI 16 HEURES. HUIT HEURES PLUS TARD …
```

Ah, Théo et ses bons plans!!!
Après les cours, Théo et moi, nous avons traversé le carrefour devant le collège et nous nous sommes dépêchés d'aller au rendez-vous derrière l'église de Grand-Vaux. Depuis ce matin, il pleuvait. J'avais pris tout mon argent. Le prix de l'ordi, c'était 200 euros comme Théo m'avait dit que son cousin lui avait dit!

```
200 EUROS = MON ARGENT DE POCHE DE 10 SEMAINES
+ L'ARGENT DE MON DERNIER ANNIVERSAIRE + LE NOËL DERNIER
```

Le cousin de Théo est arrivé. Il n'avait pas l'ordinateur. Il nous a expliqué que la personne qui vendait l'ordinateur, ce n'était pas lui. C'était un grand de Seconde au lycée Corot.
On le connaissait de l'année dernière. Personne ne l'aimait vraiment. Certains l'appelaient «Terminator». Il était grand et fort avec des cheveux très courts et des épaules très larges.
Il ressemblait un peu à Terminator et surtout, il parlait comme Terminator. Il est arrivé vers nous avec l'ordinateur sous le bras. Cool! Je réfléchissais déjà à une super place sur mon bureau.

Terminator n'était pas seul, sa bande de copains était avec lui. Des mini-Terminator! Petits, mais forts.

TERMINATOR: Le prix a changé!

Ensuite, il a regardé ses copains. Comme des robots, ils ont fait «oui» avec la tête. Je ne comprenais pas bien ce qu'il voulait dire.

MOI: Tu délires?!! 200 euros, c'est déjà un bon prix. Il est encore sous garantie, ton ordi?

Mais Terminator a fait craquer ses 10 doigts.

TERMINATOR : Et puis quoi encore? Tu veux un ticket de caisse ou un remboursement s'il ne fonctionne pas?

Ses copains ont éclaté de rire. Terminator était très content de sa blague! Il a encore fait craquer ses doigts.

Théo était un peu pâle, mais il est resté comme toujours diplomate:

THÉO : Pas de panique. On ne va pas se disputer. On va trouver une solution ...

TERMINATOR : De quoi tu t'occupes, toi? 300 euros. A prendre ou à laisser.

Les mini-Terminator ont encore bougé la tête pour dire «oui-oui-oui».
J'ai soupiré. On était là depuis deux minutes mais j'en avais déjà marre de cette discussion trop nulle. Alors, j'ai fait une première erreur. J'ai crié:

MOI : Voleur! Menteur! Le prix, c'est le prix! Tu ne peux pas le changer comme ça. C'est **NUL!!!**

Je ne sais pas si c'est le mot «voleur» ou «menteur» qui n'a pas plu à Termi. Mais il n'a pas eu l'air d'aimer beaucoup. Son regard a lancé du feu. Ses copains ont regardé aussi très en colère. Et là, ma deuxième erreur: j'ai lancé mon argent sur le crâne de Termi et je lui ai arraché l'ordinateur des mains. J'ai crié à Théo:

MOI: Dépêche-toi, Théo, cours!

Théo et moi, on a couru vite, très vite. Comme des lapins qui ont des chiens derrière eux. On a fait le tour de l'église, on est arrivés dans la rue qui va au parc. Mais Terminator et ses trolls aussi courraient vite. Moi, avec l'ordinateur dans les bras et à cause de la pluie, je ne pouvais pas bien avancer.
A un moment, j'ai perdu l'équilibre et je suis tombé comme une crêpe. Aïe! J'avais super mal à la jambe. Terminator a éclaté de rire quand il est arrivé à côté de moi. Ses copains aussi.

Il allait dire quelque chose quand tout à coup, une voiture de police est passée dans la rue.
Ouf! Elle venait de voir tous ces jeunes courir comme des fous. C'était bizarre.

Et nous voici maintenant au commissariat!

THÉO : Gus, tu me pardonnes?

Théo m'a déjà demandé mille fois pardon pour «ce bon mauvais plan un peu très nul!». Ce sont ses mots.
Pendant qu'on discute tous les deux, Termi et ses trolls racontent leur version des faits. Théo, son cousin et moi, on vient de le faire et maintenant on attend nos parents! Super!
Je pardonne à mon copain Théo, mais ... comment est-ce que je vais expliquer tout ça à papa? Je ne sais pas encore.
Mais ça ne va pas arranger l'ambiance à la maison!
En plus, j'ai très mal à la jambe!

7 LES AVENTURES DE MON FRÈRE

VENDREDI 17H30

 **STOP! ANALYSE DE LA SITUATION!**

Mardi, papa et Gus se sont disputés très fort!
Vendredi, trois jours plus tard, Gus est au commissariat!
Quelqu'un peut m'expliquer???

JO

STOP! JE FAIS REPLAY!

Ce matin, je me suis réveillée à sept heures comme tous les jours mais Gus s'est levé très tôt et s'est douché avant tout le monde. D'habitude, c'est le dernier! Bizarre. Ensuite, il a juste pris un fruit. D'habitude, il prend un bon petit-déjeuner. Et il s'est dépêché. D'habitude, il ne se dépêche jamais. Je dois toujours l'attendre. Et on arrive en retard à cause de monsieur Gus! Mais ce matin, quand j'étais encore dans la salle de bains, j'ai entendu:

GUS: Jo, je suis pressé. Salut!

Et il a claqué la porte. Quand je suis arrivée au collège, je l'ai vu discuter dans la cour avec Théo. Normal.

En fin d'après-midi, quand je suis rentrée à la maison après mon cours de danse, maman est arrivée deux minutes après moi. Elle était pressée et très stressée. Elle cherchait partout la carte vitale de Gus. Normalement, maman est toujours cool et surtout, elle rentre tard. Etrange. Pendant qu'elle cherchait, elle m'a raconté pourquoi. Elle parlait vite et je ne comprenais pas tout, mais les informations principales étaient:

```
1. La police lui a téléphoné au boulot.
2. Gus doit aller chez Philippe, mon oncle médecin.
3. Elle a déjà téléphoné à Philippe.
4. Gus a une histoire bizarre d'ordinateur ...
```

Quand j'ai vu maman si inquiète, j'ai pris la décision d'aller avec elle au commissariat, puis à l'hôpital de Juvisy-sur-Orge où Philippe travaille.

J'aime bien mon oncle Philippe. Avant, il travaillait pour Médecins du Monde, il était médecin humanitaire. Sa femme est infirmière. Encore maintenant, elle part souvent avec son mari et leurs trois enfants, mes cousins, aider des gens un peu partout dans le monde. L'année dernière, ils sont allés à Haïti.

Au commissariat, Gus était super content de nous voir. Après, on est allés à l'hôpital. Quand on est arrivés, Philippe nous attendait. C'est toujours un peu bizarre de le voir en blouse blanche. D'habitude, quand il vient chez nous manger, il s'habille comme tout le monde, en jean et en t-shirt. Philippe nous a fait la bise et il a demandé:

PHILIPPE: Alors Gus, tu me racontes ce qu'il s'est passé?

Et Gus a tout raconté ... Une histoire d'ordinateur qu'il voulait acheter au cousin de Théo, une histoire de cousin qui ne vendait plus son ordinateur, une histoire de prix qui n'était plus le prix et une histoire bizarre de film avec Terminator ... Maintenant, Gus a mal à la jambe, mais rien de grave. Je suis allée lui acheter des médicaments à la pharmacie et j'ai pris ses gaufres préférées au supermarché. Il a de la chance d'avoir une sœur si sympa!

Papa n'est pas encore rentré à la maison, mais maman l'a informé sur l'histoire de Gus au téléphone. Et mon oncle Philippe aussi a parlé à papa. Quand Gus va raconter son histoire, papa risque de voir rouge, c'est sûr! Et puis en plus, ce week-end, c'est le grand départ pour l'Algérie! Bonjour l'ambiance dans l'avion. Impossible de faire un poulet coca!!!

8   C'EST PARTI POUR L'ALGÉRIE!

SAMEDI 21H

GUS

On avait laissé la pluie et le ciel gris de Savigny derrière nous, les anoraks et les chaussures d'hiver aussi.
Un beau soleil nous attendait en Algérie.
Un peu comme pour nous souhaiter la bienvenue. Quand l'avion avait touché le sol d'Oran, tout de suite, j'avais senti le parfum de la mer mais aussi de la cannelle et du jasmin.
Je n'étais pas souvent venu en Algérie mais j'avais l'impression qu'ici aussi, j'étais à la maison.

Dans le petit village à plus de 200 km d'Oran, ma grand-mère et les femmes de ses fils étaient restées pendant des heures dans la petite cuisine pour préparer un couscous. Jo était allée les aider. Le couscous était énorme et sentait très bon.
Il donnait un parfum de safran et de coriandre aux petites pièces de la maison.
Après plusieurs heures à la cuisine, ma grand-mère avait posé la *gassa* (le grand plat) de couscous, sur le tapis du salon. Tout de suite, mes cousins, mes oncles, mes tantes, papa, maman, Jo et moi, nous étions venus nous retrouver autour du plat. On avait commencé à manger.
C'était délicieux!

Ma grand-mère racontait tout le temps des histoires. Des anecdotes drôles ou parfois moins drôles comme sur la guerre d'Algérie. Je ne l'avais pas vue depuis longtemps.

Je trouvais ma grand-mère belle. Sa voix était chaude. Tout le monde écoutait et riait parfois. On était contents de se retrouver. On ne faisait pas souvent la fête ensemble!
Je n'avais pas mangé dans l'avion et pas dans la voiture que nous avions louée à l'aéroport. J'avais très faim. Quand j'ai pris du couscous avec ma cuillère en bois, une boulette de viande est tombée. Papa m'a vu. Il m'a fait un clin d'œil. J'ai éclaté de rire. Papa aussi. On était bien tous ensemble.

GUS

Après le repas, mes cousins ont pris un ballon en plastique qu'ils avaient trouvé derrière la maison. On a tous enlevé nos chaussures et on a fait un foot sur le sable. Le soleil allait bientôt se coucher, mais on voyait encore.
Cinq minutes plus tard, mes oncles et papa sont arrivés.

PAPA : Eh, attendez-nous! Nous aussi, on veut jouer!!!

On a fait deux équipes: une génération contre l'autre, les vieux contre les jeunes! Mes oncles ont protesté. Papa aussi:

PAPA : Nous, les vieux!?! Et puis quoi encore? Qu'est-ce que vous croyez? On va vous mettre la pâtée!

Après le match, Papa m'a demandé:

PAPA : On fait un tour, Gus?

Le soleil était en train de se coucher. Violet, bleu, puis rouge, orange, jaune, le ciel était plein de couleurs. Ça ressemblait aux photos de paysages incroyables de Yann Arthus-Bertrand qui me fascinent depuis toujours. C'était fantastique! Beau! Génial! Cool! Super! Savigny et le collège étaient loin, l'ordinateur caché aussi, le commissariat très très loin. J'étais bien avec mon père, les pieds dans le sable, en train de regarder ce spectacle de la nature. On avançait vers les dunes comme deux copains.

GUS

Tout à coup, papa a commencé à raconter ses souvenirs quand il était enfant. Ses souvenirs ici dans l'oasis. Ses souvenirs dans la petite maison où on venait de manger le couscous.
Ses souvenirs dans cette maison longtemps sans eau et sans électricité.
Mais aussi ses souvenirs d'avant … avec sa vraie maman.
Je l'ai regardé. Je ne comprenais pas ce qu'il me disait.

MOI : Ta **vraie** maman?
PAPA : Oui. La dame sur la photo que tu as trouvée dans mon bureau.

GUS

J'ai eu un choc! Comme ça, j'avais deux grands-mères?!!!
Mais je n'ai rien dit.
Papa a continué. Il a raconté la maladie, la maladie qui avait tué sa mère. Sa voix était triste. Il a soupiré, puis il a passé sa main devant ses yeux.
Ensuite après une pause de plusieurs secondes, il a raconté avec un peu de joie dans la voix le mariage de son père avec une nouvelle femme. Papa et moi, on continuait à marcher dans les dunes, on voyait au loin l'*oued*, la rivière de l'oasis.

Pourquoi est-ce que personne ne m'avait parlé de ma vraie grand-mère avant? Pourquoi est-ce que personne parmi mes oncles et mes cousins ne m'avait raconté cette histoire? Est-ce qu'ils ne le savaient pas non plus? Il y a des secrets de famille dans toutes les familles … Une fois, maman avait dit ça:

> « Même dans ma famille, il y avait des secrets … »

Mais pendant qu'il avançait, papa continuait à raconter. La mort de son père … Papa a encore passé sa main devant ses yeux. Il a continué. Ma grand-mère s'était toujours occupée de lui. Toujours. Comme son enfant. Puis, papa a parlé de sa prof de maths, Madame Saadi. Elle l'avait aidé à avoir une bourse et à partir en France pour faire ses études de mathématiques. Papa a continué à raconter. On ne pouvait plus l'arrêter. Il a raconté son départ pour la France. Seul, à 18 ans. La joie et la chance de faire des études. La joie d'avoir un bon métier. Plus tard, la rencontre avec maman. Puis la joie d'avoir des enfants. Une fille et un fils. Deux cadeaux de la vie.
Il a utilisé ces mots: **«DEUX CADEAUX DE LA VIE»**.

 GUS

Et puis, il a fait une pause et il a dit:

PAPA: Gustave, j'ai pris une grande décision.

Gloups, quand papa m'appelle Gustave … Alors, avec la petite voix d'un enfant de deux ans et demi, j'ai demandé:

MOI: Oui?
PAPA: Les comparaisons entre ta sœur et toi, c'est fini. Vous êtes tous les deux différents et vous êtes tous les deux super!

Ouf! J'étais content. C'était une décision très importante pour moi. Pourquoi est-ce que papa me parlait seulement maintenant de sa vraie maman? Peut-être parce qu'il ne pouvait pas avant … Parce qu'il était trop triste avant … Je ne savais pas et je n'avais pas envie de savoir. Je pensais à cette phrase que papa aime bien:

Ce qui est passé a fui,
Ce que tu espères est absent,
Mais le présent est à toi!

Et c'était vrai, le présent était à nous. On était bien dans le présent, dans le sable, ici, en Algérie, tous les deux.

Les problèmes d'ordinateur et d'école étaient loin dans le passé.
Alors, j'ai dit:

MOI: Bon, ça donne chaud toutes ces grandes émotions, tu ne trouves pas? Qu'est-ce que tu penses d'un bain de minuit?

Papa a éclaté de rire. J'ai pris sa main et ensemble, on a couru comme des fous dans le sable et puis à la une, à la deux, à la trois, on a sauté dans l'*oued*.

Un délire entre père et fils …

LISTE DES MOTS

Symbole und Abkürzungen

f.	weiblich
m.	männlich
pl.	Plural
fam. /ugs.	umgangssprachlich
inv.	unveränderlich
qc	quelque chose (= etwas)
qn	quelqu'un (= jemand)

🟨 **on pourrait** neue Vokabel aus SB Découvertes 3, Série jaune, Unité 3
🟦 **un stage** neue Vokabel aus SB Découvertes 3, Série bleue, Unité 2

CHAPITRE 1

se présenter sich vorstellen
🟨🟦 **un présentateur/une présentatrice** ein Nachrichtensprecher/eine Nachrichtensprecherin; ein Moderator/eine Moderatorin
🟨🟦 **un coiffeur/une coiffeuse** ein Friseur/eine Friseurin
🟨🟦 **ce que** was *(Relativpronomen, Objekt)*
🟨🟦 **un vaccin** ein Impfstoff
🟨🟦 **se lever** aufstehen; sich erheben
l'Algérie Algerien
Oran *eine Stadt an der Nordküste Algeriens*
🟨🟦 **un ingénieur** ein Ingenieur
🟨🟦 **une entreprise** eine Firma, ein Betrieb, ein Unternehmen
🟨🟦 **un travail/des travaux** eine Arbeit/Arbeiten
la flemme (fam.) die Faulheit
la santé die Gesundheit
🟨🟦 **un infirmier/une infirmière** ein Krankenpfleger/eine Krankenpflegerin
🟨🟦 **un médecin/une femme médecin** ein Arzt/eine Ärztin
🟨🟦 **la recherche** die Forschung; die Suche
🟨🟦 **médical/médicale** medizinisch
une comparaison ein Vergleich
une araignée eine Spinne
haut/haute hoch
🟨🟦 **fort/forte** stark

CHAPITRE 2

Noël Weihnachten
un panier ein Korb
🟨🟦 **une soirée** ein Abend
🟨🟦 **l'orientation** *(f.)* die Orientierung

- **une journée d'orientation** ein Berufsberatungstag
- **ce qui** was *(Relativpronomen, Subjekt)*
- **fasciner** faszinieren, fesseln
- **s'intéresser à qc** sich für etw. interessieren
- **on pourrait** man könnte
- **un stage** ein Praktikum
- **l'Institut Pasteur** *(m.)* biologisch-medizinisches Forschungszentrum, das auch Impfstoffe entwickelt
- **un hôpital** ein Krankenhaus
- **l'hôpital Cochin** *(m.) Krankenhaus in Paris*
- **être fort en qc** gut sein in etw.
- **une langue** eine Sprache
- **la technique** die Technik

l'avenir die Zukunft
- **C'est galère!** *(fam.)* Echt ätzend! *(ugs.)*

un poisson ein Fisch
- **s'informer sur qc** sich über etw. informieren
- **une formation** eine Ausbildung
- **un mécanicien/une mécanicienne** ein Mechaniker/eine Mechanikerin
- **un musicien/une musicienne** ein Musiker/eine Musikerin
- **un cuisinier/une cuisinière** ein Koch/eine Köchin
- **un jardinier/une jardinière** ein Gärtner/eine Gärtnerin
- **passionnant/passionnante** spannend, fesselnd

être en mode im Modus sein
un appareil photo ein Fotoapparat
quand même trotzdem, doch

- **finalement** schließlich, zum Schluss

avoir honte sich schämen
une bouche ein Mund
Espèce de geek! So ein Computerfreak!
pourri/pourrie faul
gâté/gâtée verwöhnt
- **un spectacle** eine Darbietung, eine Vorstellung; das Showgeschäft
- **normalement** normalerweise
- **lever qc** etw. heben

faire un clin d'œil à qn jdn. anzwinkern
débarrasser la table den Tisch abräumen
- **un lave-vaisselle** ein Geschirrspüler

un casque *hier:* ein Kopfhörer
vendre verkaufen

CHAPITRE 3

- **une ambiance** eine Stimmung, eine Atmosphäre
- **inquiet/inquiète** unruhig, beunruhigt
- **se concentrer sur qc** sich auf etw. konzentrieren
- **un pour cent** *(inv.)* ein Prozent
- **un pilote/une pilote** ein Pilot/eine Pilotin
- **un scientifique/une scientifique** ein Wissenschaftler/eine Wissenschaftlerin
- **un vétérinaire/une vétérinaire** ein Tierarzt/eine Tierärztin
- **le commerce** der Handel
- **l'industrie** *(f.)* die Industrie

- 🟨 🟦 **l'agriculture** *(f.)* die Landwirtschaft, der Ackerbau
- 🟨 🟦 **dur/dure** hart; schwierig
- 🟨 🟦 **fonder qc** etw. gründen

abandonner qc etw. aufgeben

un champ ein Feld

un âne ein Esel

- 🟨 🟦 **un lycée** ein Gymnasium/Lycée
- 🟨 🟦 **seul/seule** einzig
- 🟨 🟦 **permettre à qn de faire qc** jdm. erlauben, etw. zu tun; jdm. etw. ermöglichen

rendre hommage à qn/qc jdn./etw. würdigen

- 🟨 🟦 **s'occuper de qn/qc** sich um jdn./ etw. kümmern; sich mit jdm./ etw. beschäftigen
- 🟨 🟦 **incroyable** unglaublich
- 🟨 🟦 **pourtant** dennoch, trotzdem
- 🟨 🟦 **la nature** die Natur

CHAPITRE 4

- 🟨 🟦 **être en train de faire qc** gerade etw. tun
- 🟦 **Quelle galère!** *(fam.)* Echt ätzend! *(ugs.)*
- 🟨 🟦 **venir de faire qc** gerade etw. getan haben
- 🟦 **être de retour** zurück sein

une étagère ein Regal

- 🟨 🟦 **soupirer** seufzen

une boîte eine Schachtel

la calligraphie die Schönschrift

la cannelle der Zimt

- 🟨 🟦 **voyager** reisen

un coussin ein Kissen

un sanctuaire ein Heiligtum

abîmé/abîmée beschädigt

une oasis eine Oase

un dattier eine Dattelpalme

une écriture eine [Hand]schrift

- 🟨 🟦 **se fermer** sich schließen

CHAPITRE 5

attraper fangen

- 🟨 🟦 **bouder** schmollen
- 🟨 🟦 **communiquer avec qn** mit jdm. kommunizieren, Nachrichten austauschen

un médiateur/une médiatrice ein Vermittler/eine Vermittlerin

- 🟦 **tu pourrais** du könntest
- 🟦 **un architecte/une architecte** ein Architekt/eine Architektin
- 🟨 🟦 **vider qc** etw. leeren
- 🟨 🟦 **se reposer** sich ausruhen
- 🟨 🟦 **être occupé** beschäftigt sein

un fiancé/une fiancée ein Verlobter/eine Verlobte

- 🟦 **fabriquer qc** etw. herstellen
- 🟦 **faire la vaisselle** Geschirrspülen, abwaschen
- 🟦 **passer l'aspirateur** Staub saugen
- 🟨 🟦 **vider la poubelle** den Mülleimer leeren

un poulet ein Huhn

le sel das Salz

le poivre der Pfeffer
■ ■ **prêt/prête** fertig, bereit

CHAPITRE 6

une église eine Kirche
■ ■ **un réveil** ein Wecker
■ ■ **se réveiller** aufwachen
■ ■ **faire son lit** sein Bett machen
■ ■ **se laver** sich waschen
■ ■ **s'habiller** sich anziehen, sich kleiden
■ **terminer qc** etw. fertigstellen
■ ■ **laver qn/qc** jdn./etw. waschen
■ ■ **se sentir** sich fühlen
■ ■ **se dépêcher** sich beeilen
■ **rater qc** *(fam.)* etw. verpassen; verpfuschen, nicht schaffen
Tu délires? Du spinnst wohl?
craquer krachen
■ ■ **un remboursement** eine Rückzahlung; eine Rückerstattung
■ ■ **se disputer avec qn** sich mit jdm. streiten
un menteur/une menteuse ein Lügner/eine Lügnerin
arracher qc à qn jdm. etw. wegreißen
un lapin ein Kaninchen
la pluie der Regen
la police die Polizei
arranger qc etw. verbessern

CHAPITRE 7

■ ■ **une aventure** ein Abenteuer
■ ■ **une analyse** eine Analyse, eine genaue Untersuchung
se doucher sich duschen
être pressé(e) es eilig haben
claquer zuschlagen
■ ■ **stressé/stressée** gestresst
■ ■ **une carte vitale** eine Krankenversicherungskarte
■ ■ **un boulot** *(fam.)* ein Job *(ugs.)*
■ ■ **prendre une décision** eine Entscheidung treffen
■ ■ **Médecins du Monde** *In Frankreich gegründete Ärzteorganisation, die ehrenamtlich medizinische Hilfe in Krisengebieten leistet.*
■ ■ **humanitaire** humanitär, menschenfreundlich
■ ■ **le mari** der Ehemann
■ ■ **Haïti** *Inselstaat im Karibischen Meer*
une blouse ein Kittel
■ ■ **un médicament** ein Arzneimittel, ein Medikament
■ ■ **une pharmacie** eine Apotheke
■ **informer qn sur qc** jdn. über etw. informieren
■ ■ **un week-end** ein Wochenende

CHAPITRE 8

le ciel der Himmel
souhaiter la bienvenue à qn jdn. [herzlich] willkommen heißen
le sol der Boden
la gassa *Name einer großen Schüssel auf Arabisch*
un tapis ein Teppich
délicieux/délicieuse köstlich
la guerre der Krieg
louer mieten
le bois das Holz
un clin d'œil ein Augenzwinkern
enlever *hier:* ausziehen
le soleil va se coucher die Sonne wird untergehen
mettre la pâtée à qn haushoch siegen
violet/violette violett
🟨🟦 **un paysage** eine Landschaft
un mariage eine Hochzeit
l'oued ein Wadi, *Fluss in einer Oase*
une bourse *hier:* ein Stipendium
faire des études studieren
🟨🟦 **une décision** eine Entscheidung
fuir davonlaufen
absent/absente abwesend
le présent *hier:* die Gegenwart
un bain de minuit ein Mitternachtsbad